*** PASSWORT-BUCH

LOGIN-DATEN & PASSWÖRTER VON A - Z

*Wählen Sie Passwörter mit
mindestens 8 Zeichen.*

*Verwenden Sie eine Kombination aus
Großbuchstaben, Kleinbuchstaben,
Zahlen und Sonderzeichen.*

*Vermeiden Sie jeglichen Bezug zu Ihrer
Person wie z.B. Geburtsdatum.*

*Verwenden Sie keine Begriffe, die
im Wörterbuch vorkommen.*

Ändern Sie Ihre Passwörter regelmäßig.

*Geben Sie Ihre Passwörter niemals
an Dritte weiter.*

Weitere Passwort-Tipps auf Seite 97

Dieses Buch gehört:	
Name	
Anschrift	
PLZ / Ort	
Tel.	
E-Mail	

A B

Anbieter

Adresse

Benutzername

Passwort

Notizen

Anbieter

Adresse

Benutzername

Passwort

Notizen

A B

Anbieter

Adresse

Benutzername

Passwort

Notizen

Anbieter

Adresse

Benutzername

Passwort

Notizen

A B

Anbieter

Adresse

Benutzername

Passwort

Notizen

Anbieter

Adresse

Benutzername

Passwort

Notizen

A B

Anbieter	
Adresse	
Benutzername	
Passwort	
Notizen	

Anbieter	
Adresse	
Benutzername	
Passwort	
Notizen	

A B

Anbieter

Adresse

Benutzername

Passwort

Notizen

Anbieter

Adresse

Benutzername

Passwort

Notizen

A B

Anbieter

Adresse

Benutzername

Passwort

Notizen

Anbieter

Adresse

Benutzername

Passwort

Notizen

C D

Anbieter

Adresse

Benutzername

Passwort

Notizen

Anbieter

Adresse

Benutzername

Passwort

Notizen

C D

Anbieter

Adresse

Benutzername

Passwort

Notizen

Anbieter

Adresse

Benutzername

Passwort

Notizen

*** LOGIN-DATEN & PASSWÖRTER ***

C D

Anbieter

Adresse

Benutzername

Passwort

Notizen

Anbieter

Adresse

Benutzername

Passwort

Notizen

11

*** LOGIN-DATEN & PASSWÖRTER ***

C D

Anbieter

Adresse

Benutzername

Passwort

Notizen

Anbieter

Adresse

Benutzername

Passwort

Notizen

*** LOGIN-DATEN & PASSWÖRTER ***

C D

Anbieter

Adresse

Benutzername

Passwort

Notizen

Anbieter

Adresse

Benutzername

Passwort

Notizen

*** LOGIN-DATEN & PASSWÖRTER ***

C D

Anbieter

Adresse

Benutzername

Passwort

Notizen

Anbieter

Adresse

Benutzername

Passwort

Notizen

Anbieter

Adresse

Benutzername

Passwort

Notizen

Anbieter

Adresse

Benutzername

Passwort

Notizen

*** LOGIN-DATEN & PASSWÖRTER ***

E F

Anbieter

Adresse

Benutzername

Passwort

Notizen

Anbieter

Adresse

Benutzername

Passwort

Notizen

E F

Anbieter

Adresse

Benutzername

Passwort

Notizen

Anbieter

Adresse

Benutzername

Passwort

Notizen

E F

Anbieter	
Adresse	
Benutzername	
Passwort	
Notizen	

Anbieter	
Adresse	
Benutzername	
Passwort	
Notizen	

E F

Anbieter

Adresse

Benutzername

Passwort

Notizen

Anbieter

Adresse

Benutzername

Passwort

Notizen

E F

Anbieter	
Adresse	
Benutzername	
Passwort	
Notizen	

Anbieter	
Adresse	
Benutzername	
Passwort	
Notizen	

G H

Anbieter

Adresse

Benutzername

Passwort

Notizen

Anbieter

Adresse

Benutzername

Passwort

Notizen

*** LOGIN-DATEN & PASSWÖRTER ***

G H

Anbieter	
Adresse	
Benutzername	
Passwort	
Notizen	

Anbieter	
Adresse	
Benutzername	
Passwort	
Notizen	

G H

Anbieter

Adresse

Benutzername

Passwort

Notizen

Anbieter

Adresse

Benutzername

Passwort

Notizen

*** LOGIN-DATEN & PASSWÖRTER ***

G H

Anbieter

Adresse

Benutzername

Passwort

Notizen

Anbieter

Adresse

Benutzername

Passwort

Notizen

24

G H

Anbieter

Adresse

Benutzername

Passwort

Notizen

Anbieter

Adresse

Benutzername

Passwort

Notizen

G H

Anbieter	
Adresse	
Benutzername	
Passwort	
Notizen	

Anbieter	
Adresse	
Benutzername	
Passwort	
Notizen	

I J

Anbieter

Adresse

Benutzername

Passwort

Notizen

Anbieter

Adresse

Benutzername

Passwort

Notizen

*** LOGIN-DATEN & PASSWÖRTER ***

I J

Anbieter

Adresse

Benutzername

Passwort

Notizen

Anbieter

Adresse

Benutzername

Passwort

Notizen

*** LOGIN-DATEN & PASSWÖRTER ***

I J

Anbieter

Adresse

Benutzername

Passwort

Notizen

Anbieter

Adresse

Benutzername

Passwort

Notizen

I J

Anbieter

Adresse

Benutzername

Passwort

Notizen

Anbieter

Adresse

Benutzername

Passwort

Notizen

I J

Anbieter

Adresse

Benutzername

Passwort

Notizen

Anbieter

Adresse

Benutzername

Passwort

Notizen

I J

Anbieter

Adresse

Benutzername

Passwort

Notizen

Anbieter

Adresse

Benutzername

Passwort

Notizen

*** LOGIN-DATEN & PASSWÖRTER ***

Anbieter

Adresse

Benutzername

Passwort

Notizen

Anbieter

Adresse

Benutzername

Passwort

Notizen

*** LOGIN-DATEN & PASSWÖRTER ***

K L

Anbieter

Adresse

Benutzername

Passwort

Notizen

Anbieter

Adresse

Benutzername

Passwort

Notizen

K L

Anbieter

Adresse

Benutzername

Passwort

Notizen

Anbieter

Adresse

Benutzername

Passwort

Notizen

K L

Anbieter

Adresse

Benutzername

Passwort

Notizen

Anbieter

Adresse

Benutzername

Passwort

Notizen

*** LOGIN-DATEN & PASSWÖRTER ***

K L

Anbieter

Adresse

Benutzername

Passwort

Notizen

Anbieter

Adresse

Benutzername

Passwort

Notizen

*** LOGIN-DATEN & PASSWÖRTER ***

K L

Anbieter

Adresse

Benutzername

Passwort

Notizen

Anbieter

Adresse

Benutzername

Passwort

Notizen

*** LOGIN-DATEN & PASSWÖRTER ***

Anbieter

Adresse

Benutzername

Passwort

Notizen

Anbieter

Adresse

Benutzername

Passwort

Notizen

M N

Anbieter	
Adresse	
Benutzername	
Passwort	
Notizen	

Anbieter	
Adresse	
Benutzername	
Passwort	
Notizen	

*** LOGIN-DATEN & PASSWÖRTER ***

M N

Anbieter

Adresse

Benutzername

Passwort

Notizen

Anbieter

Adresse

Benutzername

Passwort

Notizen

M N

Anbieter

Adresse

Benutzername

Passwort

Notizen

Anbieter

Adresse

Benutzername

Passwort

Notizen

*** LOGIN-DATEN & PASSWÖRTER ***

M N

Anbieter

Adresse

Benutzername

Passwort

Notizen

Anbieter

Adresse

Benutzername

Passwort

Notizen

43

M N

Anbieter

Adresse

Benutzername

Passwort

Notizen

Anbieter

Adresse

Benutzername

Passwort

Notizen

*** LOGIN-DATEN & PASSWÖRTER ***

O P

Anbieter

Adresse

Benutzername

Passwort

Notizen

Anbieter

Adresse

Benutzername

Passwort

Notizen

*** LOGIN-DATEN & PASSWÖRTER ***

O P

Anbieter

Adresse

Benutzername

Passwort

Notizen

Anbieter

Adresse

Benutzername

Passwort

Notizen

46

*** LOGIN-DATEN & PASSWÖRTER ***

Anbieter

Adresse

Benutzername

Passwort

Notizen

Anbieter

Adresse

Benutzername

Passwort

Notizen

47

*** LOGIN-DATEN & PASSWÖRTER ***

O P

Anbieter

Adresse

Benutzername

Passwort

Notizen

Anbieter

Adresse

Benutzername

Passwort

Notizen

*** LOGIN-DATEN & PASSWÖRTER ***

O P

Anbieter

Adresse

Benutzername

Passwort

Notizen

Anbieter

Adresse

Benutzername

Passwort

Notizen

O P

Anbieter

Adresse

Benutzername

Passwort

Notizen

Anbieter

Adresse

Benutzername

Passwort

Notizen

*** LOGIN-DATEN & PASSWÖRTER ***

Q R

Anbieter

Adresse

Benutzername

Passwort

Notizen

Anbieter

Adresse

Benutzername

Passwort

Notizen

Q R

Anbieter

Adresse

Benutzername

Passwort

Notizen

Anbieter

Adresse

Benutzername

Passwort

Notizen

Q R

Anbieter

Adresse

Benutzername

Passwort

Notizen

Anbieter

Adresse

Benutzername

Passwort

Notizen

*** LOGIN-DATEN & PASSWÖRTER ***

Q R

Anbieter

Adresse

Benutzername

Passwort

Notizen

Anbieter

Adresse

Benutzername

Passwort

Notizen

Q R

Anbieter

Adresse

Benutzername

Passwort

Notizen

Anbieter

Adresse

Benutzername

Passwort

Notizen

Q R

Anbieter	
Adresse	
Benutzername	
Passwort	
Notizen	

Anbieter	
Adresse	
Benutzername	
Passwort	
Notizen	

*** LOGIN-DATEN & PASSWÖRTER ***

Anbieter

Adresse

Benutzername

Passwort

Notizen

Anbieter

Adresse

Benutzername

Passwort

Notizen

*** LOGIN-DATEN & PASSWÖRTER ***

S T

Anbieter

Adresse

Benutzername

Passwort

Notizen

Anbieter

Adresse

Benutzername

Passwort

Notizen

*** LOGIN-DATEN & PASSWÖRTER ***

S T

Anbieter

Adresse

Benutzername

Passwort

Notizen

Anbieter

Adresse

Benutzername

Passwort

Notizen

S T

Anbieter

Adresse

Benutzername

Passwort

Notizen

Anbieter

Adresse

Benutzername

Passwort

Notizen

*** LOGIN-DATEN & PASSWÖRTER ***

S T

Anbieter

Adresse

Benutzername

Passwort

Notizen

Anbieter

Adresse

Benutzername

Passwort

Notizen

S T

Anbieter

Adresse

Benutzername

Passwort

Notizen

Anbieter

Adresse

Benutzername

Passwort

Notizen

U V

Anbieter

Adresse

Benutzername

Passwort

Notizen

Anbieter

Adresse

Benutzername

Passwort

Notizen

*** LOGIN-DATEN & PASSWÖRTER ***

U V

Anbieter

Adresse

Benutzername

Passwort

Notizen

Anbieter

Adresse

Benutzername

Passwort

Notizen

64

*** LOGIN-DATEN & PASSWÖRTER ***

U V

Anbieter

Adresse

Benutzername

Passwort

Notizen

Anbieter

Adresse

Benutzername

Passwort

Notizen

U V

Anbieter	
Adresse	
Benutzername	
Passwort	
Notizen	

Anbieter	
Adresse	
Benutzername	
Passwort	
Notizen	

U V

Anbieter

Adresse

Benutzername

Passwort

Notizen

Anbieter

Adresse

Benutzername

Passwort

Notizen

U V

Anbieter

Adresse

Benutzername

Passwort

Notizen

Anbieter

Adresse

Benutzername

Passwort

Notizen

Anbieter

Adresse

Benutzername

Passwort

Notizen

Anbieter

Adresse

Benutzername

Passwort

Notizen

W X

Anbieter

Adresse

Benutzername

Passwort

Notizen

Anbieter

Adresse

Benutzername

Passwort

Notizen

*** LOGIN-DATEN & PASSWÖRTER ***

Anbieter

Adresse

Benutzername

Passwort

Notizen

Anbieter

Adresse

Benutzername

Passwort

Notizen

*** LOGIN-DATEN & PASSWÖRTER ***

W X

Anbieter	
Adresse	
Benutzername	
Passwort	
Notizen	

Anbieter	
Adresse	
Benutzername	
Passwort	
Notizen	

W X

Anbieter

Adresse

Benutzername

Passwort

Notizen

Anbieter

Adresse

Benutzername

Passwort

Notizen

*** LOGIN-DATEN & PASSWÖRTER ***

W X

Anbieter

Adresse

Benutzername

Passwort

Notizen

Anbieter

Adresse

Benutzername

Passwort

Notizen

74

*** LOGIN-DATEN & PASSWÖRTER ***

Y Z

Anbieter

Adresse

Benutzername

Passwort

Notizen

Anbieter

Adresse

Benutzername

Passwort

Notizen

Y Z

Anbieter

Adresse

Benutzername

Passwort

Notizen

Anbieter

Adresse

Benutzername

Passwort

Notizen

Y Z

Anbieter

Adresse

Benutzername

Passwort

Notizen

Anbieter

Adresse

Benutzername

Passwort

Notizen

Y Z

Anbieter

Adresse

Benutzername

Passwort

Notizen

Anbieter

Adresse

Benutzername

Passwort

Notizen

*** LOGIN-DATEN & PASSWÖRTER ***

Anbieter

Adresse

Benutzername

Passwort

Notizen

Anbieter

Adresse

Benutzername

Passwort

Notizen

Y Z

Anbieter

Adresse

Benutzername

Passwort

Notizen

Anbieter

Adresse

Benutzername

Passwort

Notizen

*** MEINE GERÄTE ***

Typ [1]

Marke	Modell
Serien-Nummer	
Händler	Kaufdatum
Betriebssystem	
Gerätepasswort	
Benutzerkonto/ID[2]	
Passwort	
Notizen	

Typ [1]

Marke	Modell
Serien-Nummer	
Händler	Kaufdatum
Betriebssystem	
Gerätepasswort	
Benutzerkonto/ID[2]	
Passwort	
Notizen	

[1] PC / MAC / Laptop / Tablet / Smartphone
[2] Apple-ID /Google-Konto / Microsoft-Konto

*** MEINE GERÄTE ***

Typ [1]

Marke	Modell
Serien-Nummer	
Händler	Kaufdatum
Betriebssystem	
Gerätepasswort	
Benutzerkonto/ID [2]	
Passwort	
Notizen	

Typ [1]

Marke	Modell
Serien-Nummer	
Händler	Kaufdatum
Betriebssystem	
Gerätepasswort	
Benutzerkonto/ID [2]	
Passwort	
Notizen	

[1] PC / MAC / Laptop / Tablet / Smartphone
[2] Apple-ID /Google-Konto / Microsoft-Konto

*** PROVIDER-DATEN ***

Provider	*Telekom*
Tarif	Vertragsabschluss
Anschlusskennung	
T-Online-Nummer	
Mitbenutzer-Suffix	
Pers. Kennwort	
Notizen	

Provider	
Tarif	Vertragsabschluss
Zugangs-Kennung	
Passwort	
Notizen	

Provider

Tarif   Vertragsabschluss

Zugangs-Kennung

Passwort

Notizen

Provider

Tarif   Vertragsabschluss

Zugangs-Kennung

Passwort

Notizen

Provider

Tarif   Vertragsabschluss

Zugangs-Kennung

Passwort

Notizen

*** ROUTER & NETZWERK ***

Router Modell

Gerätepasswort

WLAN-Name (SSID)

WLAN-Schlüssel

IP-Adresse

Serien-Nr.

Notizen

Router Modell

Gerätepasswort

WLAN-Name (SSID)

WLAN-Schlüssel

IP-Adresse

Serien-Nr.

Notizen

Router Modell

Gerätepasswort

WLAN-Name (SSID)

WLAN-Schlüssel

IP-Adresse

Serien-Nr.

Notizen

Router Modell

Gerätepasswort

WLAN-Name (SSID)

WLAN-Schlüssel

IP-Adresse

Serien-Nr.

Notizen

*** E-MAIL-ADRESSEN ***

E-Mail-Adresse	
Passwort	
POP3-Server	Port[1]
SMTP-Server	Port[1]
IMAP-Server	Port[1]
Webmail-Adresse	
Notizen	

E-Mail-Adresse	
Passwort	
POP3-Server	Port[1]
SMTP-Server	Port[1]
IMAP-Server	Port[1]
Webmail-Adresse	
Notizen	

[1] Verbindungs-Sicherheit STARTTLS oder SSL/TLS

*** E-MAIL-ADRESSEN ***

E-Mail-Adresse	
Passwort	
POP3-Server	Port[1]
SMTP-Server	Port[1]
IMAP-Server	Port[1]
Webmail-Adresse	
Notizen	

E-Mail-Adresse	
Passwort	
POP3-Server	Port[1]
SMTP-Server	Port[1]
IMAP-Server	Port[1]
Webmail-Adresse	
Notizen	

[1] Verbindungs-Sicherheit STARTTLS oder SSL/TLS

*** SOFTWARE-LIZENZEN ***

Software / Version

Lizenzschlüssel

Händler   Kaufdatum

Notizen

Software / Version

Lizenzschlüssel

Händler   Kaufdatum

Notizen

Software / Version

Lizenzschlüssel

Händler   Kaufdatum

Notizen

Software / Version

Lizenzschlüssel

Händler   Kaufdatum

Notizen

Software / Version

Lizenzschlüssel

Händler   Kaufdatum

Notizen

Software / Version

Lizenzschlüssel

Händler   Kaufdatum

Notizen

*** SOFTWARE-LIZENZEN ***

Software / Version

Lizenzschlüssel

Händler   Kaufdatum

Notizen

Software / Version

Lizenzschlüssel

Händler   Kaufdatum

Notizen

Software / Version

Lizenzschlüssel

Händler   Kaufdatum

Notizen

*** SOFTWARE-LIZENZEN ***

Software / Version

Lizenzschlüssel

Händler   Kaufdatum

Notizen

Software / Version

Lizenzschlüssel

Händler   Kaufdatum

Notizen

Software / Version

Lizenzschlüssel

Händler   Kaufdatum

Notizen

*** NOTIZEN ***

So erstellen Sie ein sicheres Passwort in 3 Schritten

❶ Denken Sie sich einen Schlüsselsatz aus und nehmen Sie daraus jeweils die ersten Buchstaben oder markante Bereiche.
Beispiel:
Gut **D**ing **b**raucht **W**eile
Daraus resultierendes Passwort ist: **GDbW**

❷ Im nächsten Schritt ergänzen Sie das Passwort um eine Zahl. Beispielsweise um die ersten beiden Stellen Ihrer Telefon-Nummer.
Beispiel:
GDbW91

❸ Erweitern Sie dieses Passwort z.B. um die ersten beiden Buchstaben des Dienstes, bei dem Sie sich anmelden. Zur Trennung verwenden Sie ein oder mehrere Sonderzeichen.
Beispiel:
GDbW91$#Go

Vorsicht mit Umlauten
Wenn Sie im Ausland Ihr Passwort verwenden, bitte denken Sie daran, dass auf der Tastatur unter Umständen keine Umlaute (oder das ß) vorhanden sind.

www.passwortakte.de

▶ *Anleitungen zur Passwort-Änderung*

bei vielen Anbietern

▶ *Aktuelle Passwort-Sicherheitshinweise*

▶ *Tipps zur digitalen Passwort-*

Speicherung

▶ *Sicherheits-Newsletter*

IMPRESSUM
Erscheinungsdatum: 06.2015. 1. Auflage
Verlag: Mediencenter 50plus
Rottmannstr. 7a, 80333 München
Internet: www.mc50plus.de
Autor: Ingmar Zastrow
Alle Rechte am Werk liegen bei Mediencenter 50plus.
Alle Angaben ohne Haftung und ohne Gewähr.

PC Service-Hotline: 089-55293606